MON VIEIL AUMONIER

PAR

M. l'Abbé Charles ROSSIGNOL

ANGOULÊME

IMPRIMERIE ROUSSAUD

3, Rue Tison d'Argence.

1883

MON VIEIL AUMONIER

PAR

M. l'Abbé Charles ROSSIGNOL

ANGOULÊME

IMPRIMERIE ROUSSAUD

3, Rue Tison d'Argence.

1883

MON VIEIL AUMONIER

Monsieur et excellent Ami,

Vous demandez que ma plume consacre quelques lignes à la mémoire vénérée de M. l'abbé Edmond Létard (1), notre ancien aumônier. Ce désir est juste et j'y accède volontiers. Aussi bien, la reconnaissance ne m'en fait-elle pas un devoir? Assurément, il n'a pas dépendu de moi que j'acquitte plus tôt cette dette.

J'aurais choisi pour cela avec bonheur, le 18 juin prochain, anniversaire de ma première communion dans la chapelle du lycée de Laval (2). Mais vous me déclarez aimablement que vous ne voulez plus attendre : vous n'attendrez plus.

---

(1) Officier de l'Instruction publique, Chevalier de la Légion d'honneur, décédé à Laval, le 23 septembre 1878, dans la soixante-cinquième année de son âge et la trente-sixième de son ministère au lycée. (Lettre de faire-part).

(2) Le 18 juin 1863.

1. Ce pieux aumônier et prêtre éminent, ce fidèle ami et père dévoué, nous le voyons, nous l'entendons encore, n'est-ce pas ?

Il était de haute taille, de grand cœur et de noble allure. Son visage large et ouvert respirait la douceur et la patience du Christ. En même temps, sa bouche sans cesse redisait l'adorable parole du Maître : « *Laissez venir à moi les petits enfants* (1). »

A peine avions-nous, timides ou bruyants écoliers, franchi pour la première fois le seuil redouté du lycée que la vue du bon aumônier nous rassurait, nous apaisait aussitôt, comme par enchantement. L'apercevoir, c'était du même coup et pour toujours aller à lui : l'aimer. Et comme il nous le rendait, comme il nous chérissait ! En sa personne, nous retrouvions la bienveillance, le sourire, la tendresse de notre mère.

Ah ! c'est qu'aussi le cœur du prêtre est par excellence le chef-d'œuvre de Dieu. Nous en devions faire l'expérience auprès de notre vénérable aumônier.

Oui, Dieu a pétri, façonné à part, disposé avec un soin jaloux, arrangé avec une sorte de divine coquetterie le cœur du prêtre, puis il s'y est solidement fixé. De là, l'invincible force, de là l'intrépide courage par lesquels le prêtre, ce coopérateur des desseins du ciel, arrête et confond ses ennemis. De là, cette majesté irrésistible qui les étonne et les terrasse. « Dieu, selon
« l'admirable pensée de Lacordaire, a créé le prêtre
« tout exprès pour produire par lui une chose qu'il ne
« peut pas produire tout seul, c'est-à-dire la grandeur
« dans la bassesse, la force dans l'infirmité... Voilà sa
« vocation (2). »

(1) S. Matth., XIX, 14.
(2) Confér.

L'action de Dieu se fait sentir ainsi et continuellement par le cœur sacerdotal après l'avoir embrasé d'humilité vaillante et de charité docile qui ne connaîtront pas d'obstacles. Et souvent, elle se révélera et se traduira par des prodiges, par des miracles de tout genre.

II. Cette surnaturelle action, ce souffle de Dieu, était surtout et singulièrement sensible en notre aumônier à l'approche de la première communion. L'homme de Dieu apparaissait alors au milieu de ses enfants, transporté, transfiguré, tant cette action s'exerçant si parfaitement en lui, atteignait sa plénitude à cette heure solennelle. On ne se lassait pas de le contempler.

L'enseignement du Catéchisme, soigneusement préparé et régulièrement distribué, avec précision et clarté, en des cours attrayants et remarquables, avait gravé dans nos âmes la divine doctrine de ce merveilleux livre. Puis enfin, l'époque de la retraite arrivée, M. l'aumônier se multipliait et avec quel entrain ! Comme il était pénétré de l'importance capitale de cette fonction de son sublime ministère. Introduire Dieu dans les âmes ! Donner Dieu aux âmes, donner les âmes à Dieu ! Le baptême, sans doute, nous a faits enfants de Dieu, mais la communion nous fait *Dieux : Dii estis : vous êtes des dieux* (1). Entendez l'Apôtre : « *Je vis, non pas moi, mais c'est Jésus-Christ qui vit en* « *moi.* » : *Vivo ego, jam non ego, vivit vero in me Christus* (2).

Le digne aumônier passait et repassait dans nos études pendant les intervalles qui s'écoulaient entre

---

(1) Ps. LXXXI. 6.
(2) Galat., II.

les réunions à la chapelle. Il chantait de délicieux cantiques dont les accents doux et vibrants nous remuaient, nous ravissaient, nous électrisaient. Avec lui, nous les répétions sans que cet enthousiasme diminuât un seul instant. Quelle vigilance, quel zèle, quelle activité il déployait. Et quelle généreuse effusion ! C'est ainsi que le Christ s'épanchait peu à peu et tout entier de son cœur dans les nôtres et les possédait avant de s'y établir, avant d'en faire sa demeure.

Ah! où sont les monstres qui osent blaphémer, condamner ces pratiques sacrées? Où sont les monstres qui osent s'en prendre à ces saintes croyances et se ruer contre elles? Plus de prêtres, vocifèrent-ils ; ils fanatisent la jeunesse. Où faut-il les adresser ces êtres dénaturés plus horribles cent fois que la pieuvre des océans aux mille replis? Aux repaires des bandits infâmes ou à l'asile des fous furieux? L'enfer les a vomis ; ils sont sa proie. L'enfer les retirera ; ils méritent de le meubler et de l'orner. Puissent-ils ensuite n'en plus déménager et désinfecter la terre où ils sèment le trouble et le carnage.

III. Que dire du jour béni de la première communion? Exprime-t-on l'inexprimable ?

Ah! nous avons pu, nous, pauvres lycéens, nous avons pu nous écarter, nous avons pu devenir aveugles et sourds, nous avons pu tomber dans les égarements coupables de l'enfant prodigue, nous avons pu fermer, abandonner notre cœur, nous avons pu laisser défaillir notre âme ;

Mais, l'autel embaumé où reposait et rayonnait parmi les fleurs et les cierges le *Soleil de justice* (1). —

(1) Litanies.

d'où il descendait dans nos cœurs purs et fiers, en présence de nos maîtres et de nos familles émus ;

Mais, la statue radieuse de la *Vierge clémente* (1) qui dominait l'autel et semblait nous tendre ses bras pour nous attirer et nous presser sur son cœur immaculé, — pour baiser nos jeunes fronts qui, ce même jour, lui étaient filialement consacrés ;

Mais, notre aumônier bien-aimé, pleurant et resplendissant de joie, et, se tenant debout près de l'autel, imposant comme un vieillard, recueilli comme un ange de Dieu ;

Mais, le vieux Pontife (2), la mitre d'or en tête, diadème digne de ses cheveux dont la blancheur pareille à celle des lys de l'autel était comme l'image saisissante de sa sainteté ;

Mais, le sanctuaire avec sa voûte élancée, hardie, d'où pendaient les oriflammes et bannières variées, — avec ses colonnes gracieuses, élégantes et enguirlandées ; mais, le sanctuaire étincelant de lumière, inondé d'encens et de prières, sous les notes tour à tour mélodieuses et sonores de l'orgue, notes faibles comme le ruisseau qui murmure, ou puissantes comme le torrent qui s'ébranle ;

Mais, enfin, tout le pompeux et éblouissant appareil de cette incomparable journée, eh bien ! il a survécu à tout. Dans nos âmes malades, agonisantes peut-être, peut-être aussi plus trahies que criminelles, il est resté vivant, impérissable. Il s'agite sur les ruines, peut-être pour restaurer l'édifice si laborieusement construit par le ministre de Jésus-Christ, notre vénérable aumônier.

(1) Litanies.
(2) Mgr Wicart, qui, nous sommes heureux de le rappeler, a été le sujet de la première de nos treize brochures.

Oui, à l'heure de l'épreuve et de la souffrance qui ne tarde pas ici-bas, nous avons senti le secours de ce jour fortuné, de ce jour unique. Nous avons apprécié et suavement goûté l'efficacité de son immortel souvenir. Nous avions tout oublié, — peut-être tout outragé, tout renié, — mais un terrible coup a été frappé. Et soudain, par la miséricorde de Dieu, l'autel, la statue, l'aumônier, l'évêque, le sanctuaire, se sont retrouvés intacts devant les yeux de notre âme malheureuse. Nous nous sommes inclinés avec respect alors, et peut-être avons-nous été non pas seulement impressionnés par cette salutaire vision, mais guéris, — guéris pour toujours ! Ne faudrait-il pas être étrangement dégradé pour se raidir contre un tel souvenir !

IV. Pourquoi le tairais-je ici ? Cet illustre souvenir a été, pour mon âme en détresse, comme la brillante étoile qui, du péril et des écueils, m'a ramené aux pieds de mon bon aumônier.

Lui souriait, de ce sourire qui avait charmé, consolé, illuminé mon enfance, mais ce sourire avait ce jour-là quelque chose de plus profond, de plus paternel, s'il est possible, que le sourire d'autrefois.

« Pauvre cher jeune homme ! » dit-il, en prenant mes mains et en mêlant ses larmes à mes larmes.

Bientôt je me relevais, et, lui indiquant le Crucifix de sa chambre : « M. l'aumônier, voilà mon Maître. Voilà Celui que vous m'aviez appris à connaître, à servir, à aimer ; jamais je n'en aurai d'autre à l'avenir. » Il m'embrassa et je partis pour l'armée du Christ.

Plus tard, je revins, enveloppé cette fois dans mon nouvel uniforme. La soutane avait remplacé l'ancienne tunique, le chapeau aux larges bords le képi galonné, la ceinture à franges le ceinturon à la plaque de cuivre. Il me serra dans ses bras encore vigoureux, se nommant mon frère aîné. Oh ! touchante scène ! Et comme j'étais fier. N'étais-je pas à la veille d'entrer par le sacerdoce dans la bataille sainte. Défendre l'Eglise ma Mère, défendre le Christ mon Père, quoi de plus divinement beau ! Quelle bénédiction !

« Bon M. l'aumônier, lui dis-je, le bouillant lycéen va donc être prêtre dans deux mois. Puisse-t-il s'enfoncer bien avant dans l'ardeur de l'amour du Christ ! » Il me bénit.

J'ajoutai : « Vous le savez, je désire célébrer une de mes premières messes dans la chapelle de ma première communion.» — «C'est bien », répondit-il tout heureux. L'entretien terminé, il me reconduisit et voulut m'accompagner bien loin, à l'extrémité de la rue. Cher et vénéré aumônier ! il paraissait ne pouvoir me quitter. Très ému, je l'écoutais en silence. Nous nous séparâmes enfin. Longuement et longtemps, je le regardai. Il s'éloignait gravement, d'un pas robuste encore. Il avait encore la passion du travail. Hélas ! je ne le devais plus revoir !

Ordonné à Angoulême (1) dans le mois où il rendait son âme à Dieu, par un dernier et brûlant soupir, je recevais à mon retour à Laval une lettre m'invitant à son service auquel je ne pus assister.

V. Et maintenant, Monsieur et cher Ami, notre consolation sera de prier pour lui, j'allais dire de le prier pour nous.

Le meilleur hommage que nous lui pourrons rendre

---

(1) Le 24 septembre 1878.

sera d'imiter ses vertus en marchant sur ses glorieuses traces. Il nous y aidera du haut du ciel. Il était le capitaine, il sera encore notre guide.

Depuis le triste événement, je me hâte, lorsque je vais à Laval, de visiter sa tombe. Toujours je la salue à mon départ comme à mon arrivée. J'aime à appuyer, à reposer mon front fatigué sur le marbre funèbre. Et là, dans cette attitude, j'aime à prononcer ces mots qui semblent se perdre à travers les rameaux frémissants des arbres du cimetière pour s'envoler ensuite vers les régions plus élevées : O bon M. l'aumônier, saint prêtre, vénérable apôtre, ange du collège, sauveur de nos âmes, souvenez-vous de moi. Parlez souvent à Dieu de moi et de mes frères, mes anciens condisciples, vos fils en Jésus-Christ !

Le lycée assemblé auprès de votre tombeau dans un magnifique cortège a, par ce témoignage d'une grande et rare éloquence, unanimement proclamé devant Dieu et devant les hommes, le bien que vous avez accompli dans son sein et au-delà, car la mission de l'aumônier ne finit pas à la première communion et ne se borne pas à la durée des classes. Le lycée, en face de ce tombeau, s'est écrié dans sa douleur et son admiration : *Tu es gloria nostra et gaudium* (1) ! N'étiez-vous pas, en effet, son orgueil *sa gloire, sa joie !*

Quant à moi, ô pieux aumônier, il convient que je vous rappelle, à présent surtout que votre crédit auprès de Dieu s'est augmenté de tout l'éclat de votre couronne, — que je vous rappelle ma petitesse, mon ignorance : *ego autem sum puer parvulus, et ignorans* (2), afin que vous suppliiez le Seigneur de ne

(1) Thess., II, 20.
(2) Brev. Rom.

pas dédaigner ma misère, mais de bénir mon intelligence et de mettre sur mes lèvres des paroles de vie.

Ah ! je l'espère, vous ne refuserez pas de me continuer cette constante sollicitude que m'avait vouée votre précieuse amitié et dont elle m'avait entouré avec l'infatigable attention et la vive prévoyance du pasteur et du père.

VI. Voilà, Monsieur et cher Ami, les lignes que vous avez réclamées de ma plume.

C'est peu, si l'on considère l'étendue et la fécondité de la carrière fournie par ce prêtre distingué, — la perle, le modèle des aumôniers, le type achevé de l'honneur et de la vertu.

C'est assez, si l'on réfléchit aux attaques dirigées avec une infernale malice contre les aumôniers. J'ai essayé d'opposer ce portrait à ces détracteurs audacieux et ineptes. Par lui, ils pourraient voir ce que sont les aumôniers, ce à quoi ils sont utiles. Ils ne le verront pas.

Sans hésiter, j'ai cité mon propre exemple et il y en a cent autres.

Jamais je ne remercierai assez la Providence de m'avoir préservé de la société de ces impies polissons qui jettent sur le prêtre et en particulier sur les aumôniers leur boue et leur bave immondes.

Après Dieu, je dois cette inestimable grâce à mon aumônier. Cette faveur sans prix, je la dois aussi, mais dans un autre sens, à ces braillards eux-mêmes. Ils surent m'inspirer tant de dégoût qu'ils aboutirent à faire revivre en ma mémoire les doctes leçons de l'aumônier du collège. Après quoi, je me débarrassai lestement de leur gangrène par la confession qui en dissipa vite les légères atteintes. Puissent-ils se convertir de même.

Que si, ils persistent à obéir aux ordres de la Révolution ; que si, fils indignes, ils s'acharnent à déraciner la croix plantée par leurs pères sur les places publiques et dans les écoles chrétiennes, l'aumônier, sans doute, suivra la croix, et, en ce néfaste jour, la France sera mortellement blessée.

Mais la France en succombant se tournera vers eux, ses misérables bourreaux, et réunissant ce que ses plaies sanglantes lui permettront d'énergie, oui, la France se lèvera par un suprême effort pour maudire les briseurs de croix et les chasseurs d'aumôniers.

Veuillez agréer, Monsieur et excellent Ami, l'assurance de mes sentiments les plus dévoués et les plus affectueux en N.-S.

Charles ROSSIGNOL,
PRÊTRE.

Angoulême, le dimanche 27 mai 1883.
Trentième anniversaire de mon baptême.

Angoulême. — Imp. ROUSSAUD.

www.ingramcontent.com/pod-product-compliance
Lightning Source LLC
Chambersburg PA
CBHW070545050426
42451CB00013B/3180